浄土三部経のこころ

加藤智見

法藏館

挿画　黒宮正栄
切り絵

目次

「信じるもの」を教える

浄土真宗の寺に生まれた私は、子供のころからお経を習い、月参《つきまい》りなどでお檀家さんのお宅を回っていました。父の代理ではありましたが、あたたかく迎えていただき、今でもよい思い出になっております。

ところで、浄土真宗では、お経というと「浄土三部経」(『無量寿経』『観無量寿経』『阿弥陀経』)を指しますが、月参りはたいてい一番短い『阿弥陀経』をよみます。しかし年忌法要などになりますと、地域によって違いがありますが、私は三部経を全部よんでおりました。すると時間が長くなります。

高校、大学と進むにつれ、私には悩みが生まれてきました。それは、後ろでお参りしている方々が足がしびれ、意味のわからないお経を「ありがたいことが書いてある」と思いながら長時間聞いておられる、と思う辛さでした。こんな思いが最近まで続いていました。しかし、やっと『誰でもわかる浄土三部経』(大法輪閣、平成十一年刊)という本を出版し、少し肩

の荷がおりた気持ちがしております。

この「浄土三部経」にはどんなことが書かれているかといいますと、一言でいって、仏さまが「私は君たちを信じているから、人生心配しないでいいよ」ということが書かれているのです。

ところで、今、人生を生きていく上で信じられないことが多過ぎます。

子供たちは「親が信じられない」と言います。「子がすべきことを親がしてしまう」。これは「自分たちを信じてくれていない証拠だ」と言うのです。若者たちは「友達があまり信じられない」と言います。携帯電話をかけ続けるのも、じつは「なんとかして友達を信じていたい」と思うあらわれのひとつです。企業戦士も、今では、いつリストラのターゲットにされるかもしれません。職場にも不信感が浸透しています。

子を信じ、孫を信じたい高齢者にとって、「親孝行」はほとんど死語になってきました。また、今はどんなに辛くとも、死ねば極楽浄土《ごくらくじょうど》に生まれると信じ得た昔の老人に比べ、今の高齢者にそう信じることができるのでしょうか。死は解放でも喜びでもなく、ただ恐ろしい、避けたい、逃げたいだけのもの、というのが本音ではないでしょうか。

こうして周りが「信じられない」ものばかりになると、いったい何のために生き、何が幸福なのかがわからなくなってしまいます。

じつは「信じるもののない私たち」に「信じるもの」を教えてくれるのが「浄土三部経」なのです。新しい生き方をたずねてみましょう。

新しい世界観示す

倉田百三《ひゃくぞう》の『出家とその弟子』という戯曲があります。この戯曲は、親鸞《しんらん》と親鸞に勘当された長男善鸞《ぜんらん》が主人公として登場します。

終幕の最後に、臨終に立ち会うことが許された善鸞に親鸞が、

「わしはもうこの世を去る……おまえは仏さまを信じるか。信じると言ってくれ」

と言うシーンがあります。しかし善鸞は苦しげに、

「わかりません。……決められません」

と打ち明けます。「おお」と言って、親鸞は目をつむります。苦悶の表情に顔をゆがめますが、やがてその表情はしだいに穏やかになり、

「それでよいのじゃ。みな助かっているのじゃ。……なむあみだぶつ」

と、小さいけれど確かな声で語り、こと切れます。

歴史的事実というより、倉田氏の創作なのですが、深い境地が描かれています。

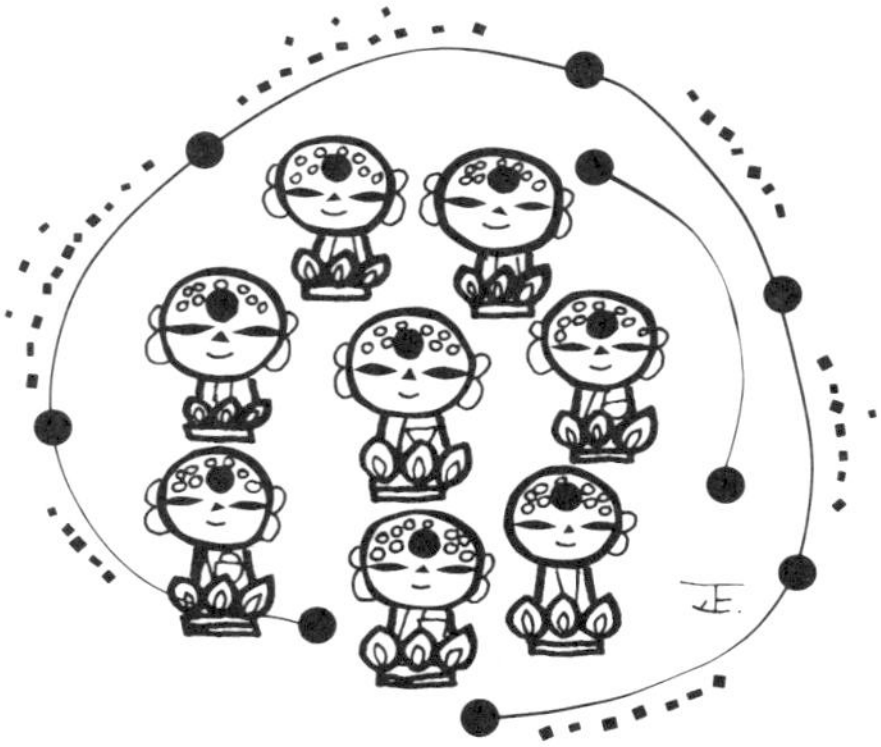

ここには「本当に信じる」ことの難しさが描かれております。日ごろ、私たちは「子を信じる」「親を信じる」「上司を信じる」などと平気で言っていますが、本当に信じているのでしょうか。信じていると言いながら、ケンカや争いが絶えません。まして仏さまを信じきるなぞ、なかなかできるものではありません。善鸞はじつに正直な人でしたし、親鸞にはそのことがよくわかっていたのです。

ところで、なぜ親鸞は、仏を信じられない人間が「助かっているのじゃ」と言ったのでしょうか。それは、結局は何も信じることができない人間こそを、仏は慈《いつく》しみ、愛し、信じておられる、と言いたかったからなのです。

「浄土三部経」には、このような信仰の世界が描かれているのです。物は豊かでも、不信感と孤独感の強い現代。このような世界観を学び直すことは、とても意味のあることだと思えます。現代にはない新しい世界が見えてくるはずだからです。

「浄土三部経」は、二千五百年ほど前にインドのお釈迦《しゃか》さまによって説かれ、その後五百年ほどして経典の形にまとめられたものです。さらに数世紀を経て中国の漢文に翻訳され、いま仏前でよまれております。

漢字ばかりが並んでいると、とても難しい感じがしますが、もともとお釈迦さまがインドの各地を歩き回って、知識も教養もない人びとにわかりやすく、たとえ話や譬喩《ひゆ》を用いて語ってくれたものですから、絶対に難しくありません。ただ、時代と人びとの考え方が違ってしまったために、難しく感じるだけなのです。

たとえば「極楽浄土」は「西に向って十万億の諸仏の住んでおられる国々を過ぎたところに」ある、と書かれていますが、これは昔の人に納得させるための表現です。現代人に信じることはできないでしょう。このような表現の裏にあるお釈迦さまの真意を読み取らねばなりません。

心の弱い人たちへ

お釈迦さまの弟子に阿難《あなん》（インド名アーナンダ）という人がいました。生まれつき優しい性格でしたが、反面、心の弱さをもっていました。

お釈迦さまの臨終のとき、阿難は沙羅《さら》の樹の枝に手をかけ、

「こんなに私を慈しんでくださったお釈迦さまが亡くなってしまう」

と、一人泣いていました。すると、お釈迦さまは、

「愛するもの、親しいものであっても、必ず別れなければならないのだ。がんばりなさい」

と言いました。

ところで、「浄土三部経」のうち『無量寿経』と『観無量寿経』は、この阿難に向かって説かれています。ということは、「浄土三部経」は主として心の弱い人びとのために説かれた経典であるとも言えます。

では、まず『無量寿経』から学んでいきます。この経典は、正式には『仏説無量寿経』と

いいます。「仏説」とは、仏に成られたお釈迦さまが説いてくださったということです。お釈迦さまは、ご存知のように歴史上の人物ですが、努力を重ね真理に目覚め、覚者すなわち仏と成られた（成仏《じょうぶつ》された）のです。

キリスト教やイスラム教では、人間が神になることは絶対にありません。ですから、同じ宗教でも、キリスト教やイスラム教とは根本的に違うのです。「成仏」という言葉は、仏教の特徴をよくあらわしています。死ぬことを成仏というのは、正しい言い方ではありません。人間すべて、さらには生きとし生けるものすべてが仏に成らねばならないのです。

先に仏に成られたお釈迦さまが、後輩の私たちに仏に成る方法を教えてくださる、それが仏教経典です。

次に「無量寿」とは、阿弥陀仏（如来）のことですが、この阿弥陀仏について説かれた経典が『無量寿経』なのです。

さて、『無量寿経』は「我聞如是《がもんにょぜ》」という言葉で始まります。「私（阿難《あなん》）はこのようにお釈迦さまからお聞きしました」という意味です。続いて、

「お釈迦さまが、ちょうど王舎城《おうしゃじょう》の耆闍崛山《ぎしゃくっせん》においでになったときのことです。そこには、すぐれた直弟子の方たち一万二千人が一緒にいらっしゃいました」

と続きます。

弟子の中には、有名な舎利弗《しゃりほつ》さんや目連《もくれん》さんなどもいました。この人たちにお釈迦さまは、自分で求め到達した境地を、わかりやすく説いていくのです。自分で発見し、到達した境地を自分で説いているという点がポイントです。

キリスト教やイスラム教では、イエスやマホメットを通して人間を超越した神の啓示が伝えられるのです。人間釈迦が、自分が苦労して見いだした生き方を後輩の人間に説くのとは根本的に違うのです。この点をはっきり知っておく必要があります。

絶対自由の境地

いよいよ説法を始めようとするお釈迦さまの顔が、とても美しく清らかでしたので、阿難はついその理由を聞いてしまいました。すると、次のような答えが返ってきます。

「このように私の姿が麗《うるわ》しく清らかなのは、阿弥陀如来の絶対自由の境地に住み、心が安定し、智慧がきわまりないからです」

人間の姿は十九歳あたりが一番美しいのだそうですが、この年齢を過ぎたら、お釈迦さまの心と智慧をお裾《すそ》分《わ》けしてもらいたいものですね。

ところで、この文のポイントは「阿弥陀如来（仏）の絶対自由の境地」というものにあります。この境地を説くのが『無量寿経』の眼目ですが、お釈迦さまは、

「今から、阿弥陀如来が世に出られた本当の意味について説きましょう」

と語り始めます。

いよいよ阿弥陀仏の登場です。この阿弥陀仏もキリスト教やイスラム教の神と違い、人が

成った存在です。その由来はこうです。

　はるか昔、五十三人のすぐれた人びとが目覚めて仏になられ、その後「世自在王仏《せじざいおうぶつ》が世に出られたとき、一人の国王がおられ、この仏の説法を聞いて感動し……国も王位も捨て、出家して法蔵《ほうぞう》と名のられました」。五十三人というのは象徴的な数ですから、あまり気にしなくてよいのですが、とにかく、ある一人の王が名誉も財産も捨て、

「願わくは、私も仏となり、あなたのような仏となって……悩む人びとに大いなる安らぎを与えます」

と世自在王仏に誓ったのです。

　人間である法蔵という名の先輩が、悩み苦しむわれわれ後輩のことを真剣に考え、安らぎを与え救いたいと誓ってくださったということです。

　どのようにしてわれわれを救おうとしたのでしょう

か。

人間は心の在り方によって浄土の境地にも住めますし、地獄に住むことにもなるのです。どうしたら最高の浄土の境地に人びとを住まわせてあげられるのか、これが法蔵の願いと発想の原点になります。

そこで法蔵は、世自在王仏に、

「どうぞ師よ、諸仏が発見なさった浄土の境地を、私のために教えてください」

とお願いし、たくさんの浄土の境地やその境地に住む人びとの実態を教えてもらいます。

このことは、よく知られているように、親鸞《しんらん》の『正信偈《しょうしんげ》』にも書かれています。

「法蔵菩薩因位時、在世自在王仏所、覩見諸仏浄土因、国土人天之善悪……」

(法蔵菩薩《ほうぞうぼさつ》の因位《いんい》の時、世自在王仏の所に在《みもと》して《ましま》諸仏の浄土の因、国土人天の善悪を覩《と》見《けん》して……)

こうして人びとを最高の境地に導き、安らぎを与え、救いあげるため、法蔵菩薩は願を起こすのです。これが本願《ほんがん》というものです。

法蔵菩薩の本願

法蔵菩薩が建てた本願とは、どのようなものでしょう。

本願に似た言葉に、たとえば「願掛け」というものがあります。わが子の学業《がくぎょう》成就《じょうじゅ》、わが家の商売繁盛、病気平癒や厄払《やくばら》いなどを、神さまや仏さまにお願いすることです。一定期間、茶断ちや塩断ちをして一生懸命にお願いすることをいいます。お百度を踏んだり、千度参りをしたりすることもあります。

しかし、この願掛けは本願とは根本的に違います。願掛けは、自分や自分の関係者の幸せを願ってすることなのですが、本願とは生きとし生けるものすべてを幸福にすることを願うものだからです。ですから法蔵は菩薩と尊称されるのです。自分のことなど眼中にはないのです。現代風にいえば「超お人好し」ですね。しかし、これが本当の慈悲というものでしょう。

その証拠に、法蔵菩薩は、「すべての人を救う方法を発見するまで仏にならない。菩薩の

ままでとどまる」と誓ったのです。

では次に、なぜ四十八もの願が建てられたのでしょう。

そのわけは、人びとにはいろいろな境遇があります。家庭争議の中で生きる人、病弱の身に苦しむ人、障害を背負って生まれた人、善いことをしようと思っても悪事に走ってしまう人、性差別を受ける女性、子供を早く亡くした人……。それぞれの境遇を考え、救いの方法を考えれば、願は多くなるのです。

では、主な願を見ていきますが、第一願は、

もし私が仏になるとき、私が住む境地に怒りと憎しみがみちた地獄、貪欲《とんよく》な餓鬼《がき》、無知な畜生《ちくしょう》という三悪道《さんあくどう》があるようなら、私は決して仏にはなりません。

というものです。

一般には、悪いことをした人が死後に行くところを地獄、その地獄で苦しむ人を餓鬼、餓鬼ほどではないが獣の姿となって苦しむ人を畜生といっていますが、本当はそうではありません。

今も昔も、人は毎日のように他人を憎み、怒り、欲におぼれ、本当の道を見失ってしまっているのです。生きながら餓鬼になり、生きながら畜生となっているのです。

こんな不幸な境地に住まわせないためには、どのような方法があるのか、これを考え出し、なんとか人びとを幸福にしてあげたい。この方法を見つけ出すまでは、決して仏にならない、と法蔵菩薩は心に決めたのです。この決意と願いを表現しているのが第一願なのです。

本願などという言葉は、古くさいと思われるかもしれませんが、怒り・憎しみ・欲望・妄想などは、現代人の心の中にもうず巻き、燃えさかっています。

燃えさかる炎の中から、われわれはどのようにして救われるのでしょうか。

今を幸せだと思う

年配の方なら、一度はお読みになったことでしょう。

山のあなたの空遠く「幸」住むと人のいふ。
噫《ああ》、われひとと尋《と》めゆきて、涙さしぐみ、かへりきぬ。
山のあなたになほ遠く「幸」住むと人のいふ。

上田敏の名訳で知られるカール・ブッセの詩です。言うまでもなくこの詩は、人間だれしも幸福を求めるのですが、結局その正体は不明であり、かなわぬものであるという深い悲しみを歌ったものです。

私も今、ブッセの心境がわかる気がします。五十六年間、いくつも山を越えてきたつもりですが、やはり本当の幸いに出遇っていないようです。たぶんこのままでいくと本当の幸福に出遇うことなどできないのでは、と思います。

また、作家の太宰治の次のような心境も、よくわかるような気がします。

「あすもまた、同じ日が来るのだろう。幸福は一生、来ないのだ。それは、わかっている。けれども、きっと来る、あすは来る、と信じて寝るのがいいのでしょう」

と同時に、私は思うのです。幸福とは、遠いところに求めるものでもなく、明日に求めるものでもなく、今ここに求めるものでなければならないのではないかと。

今いる世界を嫌ってどこかほかのところに美しい世界を求めても、結局は美しい世界も幸福な世界もやって来てはくれません。自分の心のあり方を変え、今いる世界を美しく見、今日を幸福だと思えるようにしなければならないのではないでしょうか。

じつは、『無量寿経』で法蔵菩薩の建てた第十八番目の願は、このことを言っているのではないか、と私は思うのです。十八願とは「あらゆる人が、心の底から私を信じ喜び、私と一緒に浄土に住みたいと願い、たった一回でも念仏を称《とな》えれば、もう浄土に住んでいると言えるようにしてあげたい」という願なのです。

どんなに汚れた世界に住み、どんなに苦しい時を過ごしていても、仏を信じ、一回でも心から仏を呼んで念仏を称えれば、その瞬間、今いるところがすばらしい浄土だと思えるようにしてあげたい、というものなのです。

そして、この世界が苦しい地獄のような世界だと思っていた私のために、法蔵菩薩はこんなに深い願いをかけてくださっていたと気づく瞬間、今生きていることがどんなに幸せであったのかに気づかせられるのです。これが救われているということです。

しかし、頭ではそう思っても、なかなか実感できません。幸せなのに、幸せと思えない。

そこで私は、そう思えたときは感謝し、そう思えないときは、いずれこの肉体が朽ちたとき、本当の浄土へ往生させてもらえると思うようにしております。

仏にまかせきる

酒よこころが　あるならば
胸の悩みを　消してくれ
酔えば悲しく　なる酒を
飲んで泣くのも　恋のため（石本美由起作詞・古賀政男作曲「悲しい酒」）

誰でもこんなせつない恋の思い出があると思いますし、こうして胸を焦がした経験があると思います。そんな気持ちを表現し尽くした歌だから、名曲と言われるのでしょう。

飲んで泣き、泣きつつまた飲む気持ちは、酒を飲まない人でもよくわかるでしょう。しかし、しょせん酒に心はありません。

淋しさを
忘れるために飲んでいるのに
酒は今夜も

私を悲しくさせるの（同）

結局は、自分の心をなんとかしなければ、自分をごまかすか、泣き続けるしかないようです。

恋だけの問題でなく、人生すべてがそうではないでしょうか。気持ちを切り替え、思いきる勇気が必要ではないでしょうか。辛い失恋もいつかは美しい思い出になるものです。

あの人はさみしそうに目を伏せて、それから思い切るように霧の中へ消えてゆきました。さようなら初恋、からたちの花が散る夜でした。（西沢爽作詞・米田信一作曲「からたち日記」）

さて、『無量寿経』に戻ります。法蔵菩薩の建てた第二十願は、人びとに気持ちの切り替え、発想の大転換をさせたいという願いです。自分本位のちっぽけな損得勘定をしたり、相手を自分のものにしようなどという小賢《こざか》しい考えをなんとかして捨てさせようという願いです。つまり、もし私が仏になるとき、あらゆる人びとのうちで、私の名を聞いて私の浄土に生まれたいと思っても、念仏を称《とな》えることが功徳《くどく》になると思い、その功徳によって浄土に生まれようなどと誤解している人がいたなら、この人の自力の心を破り、他力の信心を与えて、この人を浄土に生まれさせてあげたい。もしそれができないようなら、私は決して仏にはなりません。

というものです。念仏を称える功徳で極楽《ごくらく》に行きたいなどというのは、小賢しい計算です。こんな考えでいる限り、浄土はおろか、この世の欲の泥沼からも抜け出せません。計算はやめ、人びとを信じてくださっている仏さまに素直に身をまかせるようにさせてあげたい、ということです。身をまかせきった境地こそ、浄土に住んでいる、ということなのです。

　こんな気持ちになれれば、結ばれなかった人、去っていった人の幸せを素直に願う心境になり、辛いこの世も生きていて本当によかったと思える世界になるでしょう。

曲折　女性の救い

女性の救いを誓った第三十五願について考えてみたいのですが、少し落ち着いて大きな心をもってお読みいただきたいのです。そのわけは、この文をそのまま現代風に読むと、差別観に満ちているように思われるからです。第三十五願とは、次のようなものです。

あらゆる女性が、私の名を聞いて信じ、喜んでさとりを求める心を起こし、女性の欠点を反省したなら、寿命が終わってのち、男の身に生まれさせ、仏にしてあげたい。

まるで男の身にくらべて女の身のほうが罪深いように受け取れますが、なぜ法蔵菩薩《ほうぞうぼさつ》はこんな願を建てたのだろうか、現代人なら不思議に思ってしまいます。

しかし、この文を正しく理解するためには、仏教の歴史について少し勉強してみなければなりません。

お釈迦《しゃか》さまの説いた仏教には、男女の差別はまったくありませんでした。男性の出家者《しゅっけしゃ》は比丘《びく》、女性の出家者は比丘尼《びくに》と呼ばれ、平等でしたし、在家《ざいけ》の男性は優婆塞《うばそく》、女性は優婆夷《うばい》

と言われ、やはり平等でした。

しかし、お釈迦さまの死後、次第に変化が起こってきたのです。偉大な指導者を失った比丘や比丘尼は自分の修行だけで精一杯になり、在家の人びとを指導する余裕がなくなってしまいました。次第に在家の人びとが置き去りにされるようになりました。

さらには、比丘尼がとり残されるようになりました。比丘にとって比丘尼の存在は負担になり、あげくの果てには男性を迷わすとまで言われ、排除されるようになったのです。このあたりから差別の意識が生まれました。これには時代状況もからんでいます。お釈迦さまが亡くなったのち、インドは戦国時代になり、男中心の社会になっていったからです。

しかし、五、六百年経つと、いわゆる大乗《だいじょう》仏教が興ってきます。男も女も生きとし生けるものすべてが救われねばならないという動きが起こってきたのです。しかし、長い間の偏見は一気に拭い去ることができませんでした。お釈迦さまの当時には戻れなかったのです。女性も救われるが、一度男に生まれ変わってからでないと救われないという理屈がつくられました。これが「変成男子《へんじょうなんし》」と言われる考え方です。女性の復権が認められたにせよ、差別も残ったのです。

じつはこの頃に『無量寿経』がつくられたのです。「変成男子」は、したがってお釈迦さまの真意ではないのです。編纂当時の偏見が経典の中に出てしまっているのです。この点を女性の方々には、よく理解していただきたいと思います。救いに男女の根本的差異はありません。

親鸞《しんらん》は「男女老少をいわず」「男女貴賎ことごとく」などと、いつも平等の見方をしていますし、蓮如《れんにょ》に至っては、信仰の深い女性は「うつくしきほとけ」になるとまで言っているのです。

『重誓偈』

さまざまな境遇で苦しんでいる人びとを、なんとかして救いあげようと四十八の願を建て終わった法蔵菩薩は、もう一度誓います。これを古来『重誓偈《じゅうせいげ》』といいます。詩のかたちで重ねて誓ったからです。

「私は世に超えてすぐれた願を建て、この上ない道を必ずきわめます」

漢文では「我建超世願《がごんちょうせがん》、必至無上道《ひっしむじょうどう》」という文で始まりますが、どこかでお聞きになったことがあるのではないでしょうか。

この『重誓偈』の中に、たとえば次のような文があります。

むさぼり・怒り・無知の三毒を消し、多くのわざわいから救ってあげたい

智慧のまなこを開き、迷いの闇をほろぼし

地獄・餓鬼・畜生道の三つをふさいで……

人間の苦しみの原因を分析していくと、結局はこのあたりにたどりつくのです。こう分析

した法蔵菩薩は、長い間必死に修行し、このような苦しみを超える方法を探していきますが、ここで話が現実にもどって阿難《あなん》がお釈迦さまに尋ねます。法蔵菩薩は今でも修行中ですか、あるいはすでに仏さまに成ってどこかにいらっしゃるのですかと。

　するとお釈迦さまは、

「法蔵菩薩はすでに仏になられ、現に今、西方浄土にいらっしゃいます。その浄土はここから十万億の仏の国を過ぎたところにあり、その名を安楽国《あんらくこく》というのです」

と答えました。安楽国とは、極楽浄土のことですが、とてつもなく遠くにあると言われますね。正直言って、われわれにはちょっと信じられない遠さです。

　また、お釈迦さまは、

「法蔵菩薩が仏さまになられてから長い長い時が経ち

ますが、人びとが浄土に来るのを一生懸命に待っておられるのです。この浄土は金・銀・瑠《る》璃《り》・珊瑚《さんご》・琥珀《こはく》・シャコ・瑪瑙《めのう》の七宝でできた大地が限りなく広がっています」と言います。

私たちを待ってくださっていることはうれしいのですが、金や銀でできている極楽浄土は簡単に信じられません。われわれの理解は、ここで行きづまってしまいます。

極楽浄土のことは後でゆっくり説明することとして、法蔵菩薩はどのようにして人を救う方法を発見したかを先にたずねておきましょう。

その方法は、

「あらゆる人が阿弥陀仏の名を聞き、信じ喜び、一回でも念仏し、浄土に生まれたいと願えば、たちどころに往生することができ、不退転《ふたいてん》の境地に住むことができる」

というものでした。いわゆる本願成就《ほんがんじょうじゅ》の文《もん》と言われる文の骨子です。

仏さまを信じ、喜んで心底から念仏すれば、もうその心は仏さまの心と一つになり、何があっても動じない不退転の境地にいることになる、というのです。これが極楽浄土の境地にいるということなのです。では、なぜこの極楽浄土が金や銀や瑠璃などで造られる必要があるのでしょう。

極楽浄土

私は、子供の頃、ある映画でこんなシーンを見ました。一人の貧しい老婆が、畑仕事を終え、大八車を引いて家に帰る途中、ふと美しい夕焼けに目をやり、車に乗せた孫に言ったのです。

「ばあちゃんはなあー、死んだらあの夕焼けの向こうの極楽浄土へ行ってアミダさんと暮らすんや。何の苦労もないそうやし、美しいところやそうや」

この老婆の表情が、なんとも言えずよかったのです。

「死なはったじいさんも待っててくれはるんや……」

苦しく貧しい生活をしながら、どうしてこんなに幸福な表情ができるのか、私には不思議でした。しかし、今思えば、苦しく貧しい毎日だからこそ、死後、極楽浄土に生まれる希望を持ち得たのではないかという気がします。

物は豊かになりましたが、科学的に証明されたことだけしか信じられなくなった現代人に

は、この老婆のような気持ちは、もうわからないかもしれません。

　ならば現代人は、極楽浄土というものをどのように考えればよいのでしょうか。

　極楽浄土は金や銀でできた大地が広がり、七宝の池があり、その底には黄金の砂が敷きつめられ、いつもそよ風が吹き、美しい音色が聞こえると描写されているのですが、どうすれば信じられるのでしょうか。

　私はこう考えています。極楽とは、人間にとっての最高の境地なのですが、最高の境地を示すのに、現代人に説くようにただ理論だけで説いても昔の人にはよく理解されませんでした。そこで、お釈迦さまはこの世界で目に見える最高のものを選んでこれを実感できるようにしたのです。

　昔の人は、宝石などを見て、美しい清らかな世界を心に描けたのです。現代人のように、宝石を見ればすぐに投資の対象にしようなどとは思いませんでした。清らかな世界を感得することができたのです。こうしてお釈迦さまは人びとの関心を清らかで美しい極楽浄土へと導いていったのです。

極楽浄土に思いを馳せることによって、人びとの心は浄められていきました。心が浄められれば、今住んでいる場も清められていくのであり、迷っている自分が本当の自分に目覚め、救われていることに気づくようになるのです。

娑婆《しゃば》に生きながら、じつは極楽浄土の境地に住まわせられていることに気づくようになるのです。こうしてお釈迦さまは極楽浄土というものを説いたのだ、と私は考えています。

しかし今、こうしてすでに救われているのに、そう思えないのが、煩悩《ぼんのう》を持った人間の姿でもあります。それほど煩悩の根は深いのです。

親鸞はこのことを悲しみ、

「娑婆の縁つきて、ちからなくしておわるときに、かの土へはまいるべきなり」

と告白しました。肉体が朽ちたとき、煩悩から解放され、本当の極楽浄土に住まわせていただきます、と言ったのです。

『観無量寿経』

「浄土三部経」のうちの『観無量寿経』（略して『観経《かんぎょう》』）について学びます。この経典は、とてもドラマティックな悲劇から始まります。

お釈迦さまの生きておられた当時、マガダ国という強大な国の首都であった王舎城《おうしゃじょう》に韋《い》提希《だいけ》という王妃がいました。お釈迦さまに深く帰依し、聡明で美しく、やさしい女性でした。しかし、ある不幸にあい、あらぬことか、お釈迦さまの前で泣き叫び、次のような言葉を浴びせかけてしまいます。

「お釈迦さま、私は前世でどんな悪いことをして、こんな子を生んでしまったのでしょうか。それから、お釈迦さま、あなたは何の因縁であんなに憎い提婆達多《だいばだった》とご親戚なんですか！」

不幸が起こるまでは、心やさしかったこの夫人が、なぜこんな言葉を吐いてしまったのか。ここには人間の本質が表現されていると思えますが、ではこの不幸とは、どんなものだったのでしょうか。

夫人の夫は国王の頻婆娑羅王《びんばしゃらおう》でしたが、二人の間には阿闍世《あじゃせ》という王子がいました。すぐれた王子でしたが、あるとき悪友の提婆達多にそそのかされ、父である頻婆娑羅王をひっとらえ、七重の塀に囲まれた牢獄に閉じ込めてしまいました。

王を気づかう韋提希夫人は、身を洗い清めて、小麦粉に蜜を混ぜたものを体に塗り、首飾りの玉の中に葡萄の汁を入れ、ひそかに王のもとに通って、これを捧げました。

数日たつと、阿闍世は家来に、

「王はまだ生きているのか」

とたずねますが、家来は、

「ご存命です。母上さまが体に小麦粉と蜜を塗って王さまに捧げておられるからです」

と答えました。怒った阿闍世は、

「母上も敵にまわってしまった。許せん」

とわめき、すぐさま剣をとって母を殺そうとしました。しかし、大臣たちに説得され、殺すことは思いとどまりますが、奥深い牢に幽閉してしまいます。

ところで、なぜ阿闍世はこんなに親を憎むことになったのでしょう。『涅槃経《ねはんぎょう》』という経典によりますと、王と王妃の間には子供がいませんでした。どうしても後継ぎのほしい王は、占い師にたずねます。すると、その占い師は、ある仙人がやがて死に、その生まれかわりとして王子が生まれると予言しました。

しかし、急ぐ王は、早く子を得るために、この仙人を家来に命じて殺させてしまいます。すぐに夫人は妊娠しますが、これを聞いた占い師は、生まれてくる王子は必ずこの仇をうつことになるだろうと予言しました。

これを恐れた王は、夫人の出産のとき、高楼から産み落とさせ殺してしまおうとしましたが、王子は手の指を骨折しただけで、ひそかにかくまわれていました。この過去を提婆達多が阿闍世に告げ口したのが不幸の原因になったのです。

人間世界の苦悩

牢に閉じ込められた韋提希夫人《いだいけ》は悲しみのあまり憔悴しきって、はるかかなたの耆闍崛山《ぎしゃくっせん》（霊鷲山《りょうじゅせん》）という山におられたお釈迦さまに向かって次のようにお願いをします。

「お釈迦さま、あなたは以前、阿難さまをおつかわしになって私を導いてくださいましたが、今の私の心は憂いに沈んでおります。お釈迦さまのお越しを願うのは恐れ多いことですので、どうぞ目連《もくれん》さまと阿難さまにお出まし願って、私をお助けくださいませ」

すると、夫人がまだ顔をあげ終わらぬうちに、お釈迦さまは夫人の心を見透かし、目連さんと阿難さんをすぐさま王宮に来させ、ご自分も耆闍崛山から王宮に来られました。

じつはこの時、お釈迦さまの顔を見て、泣き叫びながら言った言葉が、前に取り上げた言葉なのです。どうしてこんな子を生んでしまったのか、よりによってあの憎い提婆達多《だいばだった》がなぜお釈迦さまの親戚なのか、という激しい言葉だったのです。いつもは聡明でやさしい夫人も一皮むけば普通の人間と同じなのだという悲しい人間の事実が描かれているのです。

自分の生んだ子に苦しめられるということは、悲劇の中の悲劇でしょうし、自分の子をけしかけたのが他でもなくお釈迦さまの従兄弟の提婆達多でした。提婆は出家してお釈迦さまの弟子になったのですが、のちに優秀で人望の厚いお釈迦さまをねたみ、阿闍世《あじゃせ》をそそのかし、仏教教団を破壊しようとしたのです。

　ここには現代と変らぬ人間世界の苦悩が凝縮されているといえます。自分の子を見て、「どうしてこんな子を生んでしまったのか」と思う親も多いのではないでしょうか。誰かが憎いと、その憎い人が関係する何もかもが憎くなってしまうのが人間の姿です。たとえ血がつながっていようと、お釈迦さまと提婆は別の人間であり、お釈迦さまを責める理由はまったくありません。しかし、ついついそうしてしまうのが人間ではないでしょうか。

また優秀な従兄弟といつも比較され、提婆にねたみ心が起こったのもわかります。「お釈迦さんのようにならなきゃダメよ」と言われ続けるつらさも痛いほどわかりますね。人間の問題は、科学や経済がどんなに発展しても、あまり変わりません。このことをきちんと学びたいと思います。

この不幸で夫人は世の中のことが全部イヤになってしまい、次のように叫びます。

「こんなによごれ、悪に満ちた世界には、もういたくないのです。……こんな者たちの発する声など聞きたくもありませんし、こんな悪人たちは見るのも嫌です」

たった一つの不幸で、今まで幸せだったこの世界が地獄になってしまうのでした。しかし、これは韋提希夫人だけの問題ではありません。人間だれしもが襲われる冷酷な事実でもありましょう。

この恐ろしい事実にとらえられてしまった夫人を、ではお釈迦さまはどのように救おうとなさるのでしょうか。

南無阿弥陀仏

わが子に裏切られ、人間が信じられなくなってしまった韋提希夫人は、つくづくこんな世界に生きていたくはないと思います。でも、自殺などはしませんでした。

この世に生きながら、美しく安らいだ極楽浄土の境地に住まわせてもらいたいと願い、お釈迦さまに阿弥陀如来のいらっしゃる西方極楽浄土を見る方法を教えていただくよう、お願いしました。

そこでお釈迦さまは、極楽浄土を見る、すなわち観想《かんそう》する十三の方法を彼女に教えます。やさしく親切に説くのですが、煩悩に眼を覆われてしまっている普通の人間には、なかなか難しいことです。そこで、さらに次のような方法で説いていかれます。

その方法とは、人間の行為をその善悪によって上品《じょうぼん》・中品《ちゅうぼん》・下品《げぼん》の三段階に分け、さらにそれぞれを三つに細分化し、上品上生《じょうしょう》・上品中生《ちゅうしょう》・上品下生《げしょう》・中品上生・中品中生・中品下生・下品上生・下品中生・下品下生の九段階に分類され、人間一人ひとりに自分の姿をよ

く反省するようにうながされます。自分を直視し反省を深めていけばいくほど、結局自分は下品下生の存在にほかならないのだということに気づかせようとなさったのです。それぞれの段階を丁寧に説明することによって、韋提希夫人に、夫人自身も結局は下品下生の人間であると気づかせられたのです。

教養があり聡明で美しくても、子供に裏切られただけで逆上し、子を恨み、他人を憎み、世界の人間すべてを悪人呼ばわりし、呪うようなことを言った。これは下品下生の人間の姿にほかなりません。こうしてお釈迦さまは、彼女を通して人間に、人間の本当の姿に気づくことを教えられたのです。

本当の姿を教えられた彼女は、心から反省し、ではどうしたら救われ、この地獄のような世界に希望を見いだして生きていくことができるかを、お釈迦さまにたずねます。

するとお釈迦さまは、「何もしなくていいのです。ただ阿弥陀さまの名を呼びなさい」、つまり南無阿弥陀仏と称えなさいと教えられました。それが地獄のような世界に苦しんでいる人びとを救いたいと願われた阿弥陀さまの願いにかなうことだからです。

こうして阿弥陀さまの心と自分の心がひとつ心になったとき、地獄のような世界がそのまま極楽浄土に変わるのです。この世に生きながら浄土に生まれ変わるのです、と答えられたのです。このことをわからせるために観想《かんそう》や人間の姿の分析をしてくださったのです。いずれにせよ、自分に対する深い反省があってこそ、お釈迦さまの思いやりがわかるのです。

現代の日本に横行しているいつわりの宗教には、このような反省心が欠けています。ですから金儲けや信者の獲得、権力ばかりに目がいってしまい、人間の誠意さえ失ってしまうのです。

深い自己反省こそが宗教の根本であることを学びたいと思います。

無限の存在

次は『阿弥陀経』に学びます。

ところで私は、

「あなたは住職で仏教を勉強しているから、死ぬことなんて怖くないでしょ？」

とよく言われます。とんでもありません。怖くてなりません。ただ私は、死の恐怖感にとらわれると、『阿弥陀経』の次の文を思い起こすのです。すると恐怖感が和らいでゆきます。

一日でも二日でも、三日でも四日でも、五日でも六日でも、あるいは七日でも、とにかく日にちの多少にかかわらず、一心不乱に念仏なさい。……命が終わろうとするとき、阿弥陀さまがたくさんの聖者たちとともに、その人の前にあらわれてくださるのです。だからその人は、実際に息を引き取ろうとするとき、死ぬのが怖いなどと言って心を乱すことなく、そのまま浄土に生まれることができるのです。

死は、目で見たまま、あるいは科学の立場だけから見れば、苦しんだあげく呼吸が止まり、

灰となり、無となることです。愛する家族、大切な友人にも会えなくなる惨めなことです。しかし死とは、本当にそんなに悲しく無意味なものでしょうか。このような見方は有限な人間の感覚や理性だけでとらえた死の一面にすぎないのではないでしょうか。誕生が人間にとって大きな意味を持つように、死もまた深い意味を持っているのではないでしょうか。

　明治の宗教哲学者清沢満之《まんし》師は、「有限あれば無限なかるべからず」と言いました。宗教は有限な命を無限の命の中でとらえるのです。死とは有限な命を終え、再び無限の命に帰っていくことなのです。大いなる無限の命の一部を授けられ、五十年、七十年、あるいは九十年、この世界に生き、死をきっかけにこの命を無限なるものにお返しするのです。

　この無限の存在を、浄土教では阿弥陀さまと言います。ですから昔の人は、この阿弥陀さまを「親さま」とも言いました。人間だれしも親がいますが、命あるものすべての親が「親さま」なのです。だれもが親を呼ぶように、人間の「親さま」を呼ぶことが念仏でもあります。ですから念仏とは、子供が母を慕って「お母さん」と呼ぶことと根本的には変わりません。

しかし、このようなことは頭ではわかっていても、いざ病気の苦しみに襲われたりすると忘れてしまいます。ですから元気なとき、あるいは病気の苦痛が薄らいだとき、ほんの一時でも、あるいは時間の許す限り、心から念仏を称えなさいと説かれているのです。すると「親さま」である阿弥陀さまが、母が子の苦痛を分け持つように、その人の苦痛を分け持ち、苦しみから解放されるまで付き添い、無限の世界すなわち浄土に連れ帰ってくださるというのです。

死はたしかに怖いものですが、このように考え直すとき、意味深いものとなるはずです。この点が『阿弥陀経』の核心でもあります。

一声の念仏で

以前、私の後輩の僧がこんなことを話してくれました。

月参《つきまい》りに行っているお宅のお婆さまが先日亡くなったけれど、正直言ってホッとしているんです。本当に気の毒でしたから……。

この方は、若いときは綺麗だったし、八十歳になっても顔はつやつやして、気立てもよく信仰心も篤かった。お会いして話をすると、心がなごみました。

ところが、五年ほど前から体が弱り、寝込むようになられ、痴呆も始まった。でも月参りに行けば、念仏の声を絶やさず座っていてくださった。三年ほど前から寝たきりになられたけれど、リンを打つと、隣の寝室から念仏が聞こえてきた。顔が見えなくても、この人と僕の心がつながっているようで、うれしかった……。

しかし、一年ほどたつと、その念仏の声がぱったりとやんでしまい、二、三か月すると勤《ごん》行《ぎょう》中《ちゅう》にもかかわらず、隣の部屋から「水をくれ…」「腹がへったよ…」といううめき声が

聞こえるようになりました。あの綺麗で優しかったお婆さまがどんな形相《ぎょうそう》でうめいているかと思うと、僕はたまらなくなってしまった。その部屋を見舞おうかとも思いましたが、とうとうできませんでした。誰もお参りなさらぬ冷たい仏間で独りお経をあげていると、言いようのない淋しさに襲われましてね……。亡くなって「ほっとした」などということは不謹慎ですが、ホンネなのです。

　ところでその後、お婆さまの息子さんに、

「あんなに信心深かった母が、なぜあんな死に方をするんでしょうね？」

と質問され、返答に窮してしまった、という話でした。

「先輩ならどう答えますか？」

とたずねられ、私もすぐには答えられませんでしたが、「浄土三部経」を読み考えた結論は、次のようなものでした。

仏さまを信じることも、念仏を称えることもできなくなってしまったのは、このお婆さまの肉体の限界のためであって、誰のせいでもありません。大切なことは、信心も念仏も失ってしまったこのお婆さまを、仏さまは見守り続けてくださっていたに違いないということです。『無量寿経』の第十八願には阿弥陀さまを信じ、たった一声でも念仏を称えれば必ず救いとるとあります。このお婆さまはすでに救いとられ、見守られ続けていたのです。

じつは私の父も昨年往生いたしましたが、長い患いの結果、最後には念仏も忘れてしまいました。しかし私はそれでもよかったのだと思います。父が念仏を忘れても、仏さまは私の父の信心と念仏をおぼえてくださっており、最後まで父を見守り、浄土に連れ帰ってくださったのですから。

このように思えることは、私自身も信心をいただいているからですし、看病することによってたまわった心の財産だと思います。

闘病中の方々、看病中の方々も、どうぞこのような仏さまの心と「三部経」の心をいただかれますように。

あとがき

本書は、平成十一年から十二年にかけ、十五回にわたって中日新聞に「浄土三部経ものがたり」と題して連載したものを、一部手を加え、まとめたものです。

二十一世紀を迎えるにあたり、何を信じ、いかに生きるべきかが見えてきませんし、現代の科学や経済は私たちの心までは救ってくれそうにありません。もう一度、仏陀の智慧の原点にもどって生きる道を考えなおすべきだと考え、これを浄土三部経にたずねてみました。皆さまの生き方のヒントにしていただければ、望外の喜びです。

連載中から的確なご指示をくださった中日新聞社の神谷正之氏、すばらしい切り絵をたまわった黒宮正栄氏には、あらためて感謝申し上げます。

また本書の出版をこころよくお引き受けくださった法藏館社長西村七兵衛氏と和田真雄氏には心よりお礼申し上げます。

平成十二年六月

加藤智見

加藤智見（かとう・ちけん）

1943年　愛知県に生まれる
1966年　早稲田大学第一文学部卒業
1973年　早稲田大学大学院文学研究科博士課程修了
図書館情報大学・東京大学講師などを経て、現在　東京工芸大学教授　早稲田大学講師　愛知県尾西市光専寺住職
著書　『親鸞とルター』（早稲田大学出版部，1987年）
『いかにして〈信〉を得るか－内村鑑三と清沢満之－』（法藏選書51，法藏館，1990年）
『ココロの旅からタマシイの旅へ－宗教の理解』（大法輪閣，1993年）
『蓮如とルター』（法藏館，1993年）
『宗教のススメ――やさしい宗教学入門』（大法輪閣，1995年）
『蓮如入門』（大法輪閣，1996年）
『他力信仰の本質』（国書刊行会，1997年）
『誰でもわかる浄土三部経』（大法輪閣，1999年）
『仏像の美と聖なるもの』（法藏館，2000年）
ほか
訳書　G. ランツコフスキー著『宗教学入門』（共訳，東海大学出版会，1983年）
アンゲルス・シレジウス著『シレジウス瞑想詩集（上）（下）』（共訳，岩波文庫，1992年）

浄土三部経のこころ

2000年7月20日　第1刷
2004年2月20日　第3刷

著　者　©加　藤　智　見
発行者　西　村　七　兵　衛
発行所　株式会社　法　藏　館
600-8153 京都市下京区正面通烏丸東
電話075(343)5656・振替01070-3-2743

ISBN 4-8318-8987-3 C0015　　印刷・製本　リコーアート